AF336967

QUESTIONNAIRE.

QUESTIONNAIRE

Soumis dans les communes qui ont été frappées de l'épidémie, à un Comité composé de MM. le Curé, le Maire, l'Instituteur de la localité, et du Médecin qui aura traité les cholériques, et présenté à la Société Médicale de Commercy par le docteur ROUSSEL, le 30 novembre 1854.

DEMANDES.	RÉPONSES.
1. Situation physique de la localité, élévation au dessus du niveau de la mer :	1. La ville de Gondrecourt se divise en ville-haute et ville-basse. La ville-haute est située sur un plateau de calcaire oolithique élevé de 360 mètres au-dessus du niveau de la mer, l'air y est pur, constamment renouvelé, les habitations sont aérées, saines, environnées de jardins et de plantations d'arbres.
2. Nature du sol ; renferme-t-il des gisements métalliques ? Est-il argileux ? Est-il calcaire ? Est-il gratinique ?	2. La ville-basse est assise dans une vallée étroite, profonde, traversée dans son milieu et dans toute sa longueur par l'Ornain ; la rive-droite est abritée du Nord par une chaîne de collines de calcaire oolithique, la rive gauche est placée en partie sur un terrain d'alluvion composé de matières calcaires siliceuses et de détritus de matière végétale et en partie sur le versant et le sommet d'une colline qui limite la vallée au midi. Le sol renferme des gisements ferrugineux il est généralement calcaire ; quelques parties sont argileuses.
3. Qualité des eaux. L'eau est-elle fournie par des fontaines, des puits, des citernes ?	3. L'eau de la fontaine, à l'usage de la ville-haute, sort des flancs d'un monticule formé de matières calcaires argileuses où se trouvent des moules de coquilles, gris bleuâtre, légèrement siliceux et fériférés ; elle est un peu nébuleuse, dépose des matières calcaires, cuit assez difficilement les légumes et dissout lentement le savon ; elle est aussi fournie par des puits et des citernes. L'eau de la rivière et des fontaines de la ville-basse est fraîche, limpide, incolore, inodore, sans saveur, d'une grande légèreté, bonne pour le savonnage et pour la cuisson des légumes.
4. La localité est-elle traversée par une rivière ou un ruisseau ? État de l'une et de l'autre dans les chaleurs de l'été.	4. La rivière d'Ornain prend sa source du haut plateau jurassique de Langres, elle coule sur des terrains ou le calcaire est la substance minérale dominante ; c'est un torrent en hiver, l'eau s'élève à 1 mètre, déborde dans les rues riveraines et sur les prairies. En été, c'est un faible cours d'eau ; parfois, quand les pluies du solstice d'été sont abondantes, les eaux grossissent comme après la fonte des neiges, inondent les rues basses et se répandent dans la prairie, d'où s'exhalent des miasmes paludéens lorsque les eaux se retirent. En juin 1854, le débordement a été considérable.

5. Est-elle à proximité d'étangs, de marais ; renferme-t-elle des établissements-insalubres ?

5. La ville est à 500 mètres au midi de l'étang de la forge d'Abainville et ne renferme aucun établissement insalubre.

6. Vents prédominants dans la localité, courants d'air.

6. Les vents prédominants sont : le Sud-Ouest et l'Est, les courants d'air viennent de l'Est et du Sud-Est, ils sortent des forêts et arrivent par de profondes vallées dans le thalvége de l'Ornain ; ces vents sont très froids et chargés d'humidité.

7. Population de la commune.

7. 1,200 individus à la ville-basse et 500 à la ville-haute.

8. Epoque de l'apparition de l'épidémie.

8. En 1832 le 15 septembre, en 1854 le 10 juillet.

9. S'est-elle montrée spontanément sans cause apparente ou après le décès dans la commune d'un cholérique venant d'une localité infectée ou pendant le séjour d'une personne en convalescence du choléra venant aussi d'une localité infectée ; après l'usage d'objets d'habillements, de literie, appartenant à des individus morts du choléra et apportés dans la commune?

9. Le 8 avril 1832, une femme arrive de Paris à Delouze, qui en est éloigné de soixante-dix lieues, pour se réta--blir chez ses parents d'une attaque de choléra ; deux jours après, l'épidémie éclate dans le village et se répand dans le canton. En 1832 encore, une marchande de Vaucouleurs où régnait la maladie, tombe malade dans une auberge de Gondrecourt ; la femme de l'aubergiste et plusieurs personnes des maisons voisines, sont attaquées et meurent du choléra qui s'étend dans la ville et se prolonge jusqu'à la fin d'octobre.

En juin 1854, trois hommes de Vouthon travaillaient à Ay-sur-Marne où l'épidémie sévissait, ils reviennent malades à Vouthon et l'un d'eux y meurt du choléra qui, trois jours après, envahit les deux Vouthon et le canton. A Luméville c'est encore par un malade venant de Montiers où était l'épidémie qu'elle s'est déclarée avec force et quand le village paraissait être dans son état sanitaire normal. Ces faits démontrent, incontestablement, le caractère contagieux de l'épidémie, mais jusqu'alors les intérêts sociaux industriels et du commerce ont prévalu sur la vérité et les droits de l'humanité. Son invasion à Gondrecourt doit être attribuée aux communications fréquentes des habitants de Vouthon, Bonnet, Mandres avec cette localité ou par un foyer qui y aurait été transporté.

10. A-t-elle été précédée de la suette ou ces deux maladies ont-elles existé simultanément ?

10. En 1832, elle a été précédée par la suette, il en a été de même en 1854.

La suette et le choléra ont aussi existé simultanément. La suette est un mouvement critique qui juge le choléra à l'état d'incubation comme la sueur le juge dans ses autres périodes ; si on pouvait produire la suette artificiellement on aurait un préservatif contre le choléra.

11. Durée de l'épidémie.

11. En 1832, du 15 septembre à la fin d'octobre.
En 1854, de juillet au 30 août. (40 jours).

12. Nombre total des décès.

12. En 1832, a la ville-haute 6 décès sur une population de 400
En 1854, 13 décès.
En 1832, à la ville-basse 36 décès.
En 1854, 78 décès.

13. Traitement rationel et méthodique employé dans la suette.

13. Boissons délayantes tièdes, prescription de garder le lit, bouillons légers, dans le cas d'une réaction locale ou générale trop prononcée, sangsues, saignées ; lors de la convalescence régime doux, modéré, parfois nécessité des toniques, particulièrement du sulfate de quinine, pour détruire le caractère intermittent de cette affection à son déclin.

La négligence des précautions précitées, le refroidissement, un mauvais régime, toutes circonstances pro-

14. Contre la diarrhée.

L'abstinence absolue des aliments a-t-elle été imposée ?
A-t-il été utile et avantageux d'arrêter la diarrhée le plus
tôt possible ?

15. Contre le choléra confirmé.

---

près à arrêter le développement complet de la réaction
salutaire qui se traduit par la suette, rendaient cette
crise dangereuse et provoquaient le choléra.

14. Deux méthodes de traitement ont été en présence, l'une,
consistait dans l'emploi des purgatifs tout d'abord,
ensuite des opiacés et des lavements astringents; on
laissait aux malades la liberté de sortir et de prendre
des aliments.

L'autre, consistait dans l'usage des boissons gommeuses,
de l'eau de riz, édulcorée avec du sirop de coing ou
de consoude, parfois, une application de sangsues à
l'épigastre ; usage de pilules de cachou et d'alun, de
cataplasmes sur le ventre, de lavements d'amidon lau-
danisés, de ratanhia dans une décoction d'aigremoine,
repos dans un lit, bien couvert, abstinence absolue de
toute nourriture. On estimait que dans cet état, l'estomac
et les intestins étaient irrités, convulsés et qu'il fallait
avant que d'accorder des aliments rétablir cet appareil
dans ses conditions normales.

15. Le traitement du choléra a été établi jusqu'à ce jour, sur
des systèmes ou des hypothèses, ou bien sur un aveugle
empirisme armé de ridicules recettes et de prétendus
secrets. Aujourd'hui, la science n'est pas plus avancée
qu'en 1832 et 1854. Aussi, existe-t-il une grande diver-
sité d'opinion, de systèmes plus ou moins singuliers, une
grande incohérence dans la thérapeutique ; le traitement des cholériques a été malheureux.

L'étude que j'ai l'honneur de vous proposer de faire de
cette cruelle maladie aura pour résultat, de signaler les
mesures de salubrité les plus utiles, les moyens hygiéniques les plus recommandables, la médication la plus
efficace, de mettre un terme à la prodigalité des remèdes, à l'empirisme désordonné, à des essais, des taton-
nements qui ont fait plus de victimes que la maladie,
elle aura pour conséquence de fonder le traitement de
cette maladie sur des faits et l'expérience ;

En 1832, lorsque l'épidémie a éclaté à Delouze, sa première
étape dans le département, on a prodigué infruc-
tueusement toutes les ressources de la matière médicale,
les narcotiques, les astringents, les alcooliques, les
stimulants les plus énergiques, les purgatifs ; chacun
avait son antidote, son secret.

Le traitement suivi à Gondrecourt, la troisième étape, par
les deux médecins de la localité était celui-ci : on
donnait largement aux malades de l'eau tiède dans
laquelle on avait fait infuser pendant quelques minutes
des feuilles de mauve, de bourrache, de tilleul ; après
ce lavage de deux heures, on faisait prendre vingt-cinq
gouttes de laudanum dans une cuillerée de vin vieux
ou d'eau de canelle répétées plusieurs fois selon les
indications, un large vésicatoire était appliqué sur le
bas ventre, des frictions étaient faites avec de l'eau
sédative. Si les accidents persistaient, on donnait la
glace ou l'eau froide à la volonté des malades, ils s'en
abreuvaient avec délice, beaucoup à l'insu des médecins
et ils s'en trouvaient bien. Eclairés par un grand nombre de faits sur les grands avantages de l'eau froide,
elle était prescrite dans toutes les périodes de la mala-

die à l'exclusion de tous autres remèdes, sauf les cas ou une réaction critique et salutaire se manifestait et je puis consciencieusement lui attribuer les heureux et beaux succès obtenus pendant cette épidémie, dès l'époque ou ce mode de traitement a été adopté les guérisons ont été plus nombreuses, les convalescences plus courtes et les accidents consécutifs si redoutables ont disparu ; il y a eu 42 décès.

En 1854 un médecin instruit et dévoué, chargé du service de santé à Gondrecourt et dans les communes voisines avait adopté le traitement suivant ; usage du sulfure de potassium administré dans le début avec mystère et comme spécifique, des boi sons stimulantes et alcooliques, ensuite intervenaient les préparations de datura, de strychnine, de stramonium, de morphine.

Il appelait à son aide quelques pratiques d'hydrothérapie, il se servait de l'enveloppement dans les draps mouillés et comme dernière ressource du marteau de Mayor ; les lavements opiacés et astringents, les frictions alcooliques camphrées, les vésicatoires, les sinapismes étaient les auxiliaires de ce traitement.

Ce traitement a été généralement adopté dans nos localités ; il a échoué dans le cas de choléra confirmé, et il a été dangereux par la gravité des accidents consécutifs, immédiats auxquels il a donné naissance, aussi la mortalité s'est-elle élevée à 90 décès.

Une autre méthode dont l'application a été faite à un petit nombre de malades et qui était le résultat de l'expérience acquise dans les épidémies antérieures, consistait à leur donner à volonté de l'eau froide dans quelle période que ce soit de la maladie, à faire prendre après une heure ou deux de ce lavage et dans le cas de persistance des accidents comme vomissements, diarrhée, 25 gouttes de laudanum dans une cuillerée d'un vin généreux, administrer des lavements de cachou, de tannin, appliquer un large vésicatoire sur l'estomac.

Chez les sujets replets, pléthoriques, atteints dans le début de la maladie d'un état apoplectiforme, soit du cerveau, soit des poumons, on faisait, quelle que soit la faiblesse, l'effacement du pouls et la coloration de la peau, une forte application de sangsues ou une saignée au bras.

J'ai vu dans une commune du canton, les malades refuser les remèdes et poussés par la soif, boire de l'eau froide, malgré leur médecin et se sauver en obéissant à un instinct impérieux.

Dans le cas de crampes, on promenait sur les membres convulsés, des corps métalliques froids, les malades étaient frictionnés avec l'eau sédative, ils étaient légèrement couverts, car ce n'est pas en brûlant les malades, ou en les étouffant sous le poids des couvertures, qu'on produit une réaction salutaire.

Ce traitement a été plus heureux dans le choléra confirmé que le précédent ; les accidents consécutifs ont été rares, la convalescence était rapide.

16.   Traitement empirique, remèdes spéciaux.

16.   La renommée avait signalé comme spécifique le remède de la petite sœur, du curé de Valenciennes, du curé Petitjean ; ils ont été employés sans succès, l'opinion populaire avait accrédité l'usage de l'aigremoine, de

17. Traitement préservatif ou propre à prévenir la maladie.

18. Chez les individus atteints de choléra la diarrhée a-t-elle été le symptôme précurseur ou le premier degré de la maladie ; de combien de jours a-t-elle précédé l'invasion du choléra confirmé ?
Dans quelle proportion les cas de choléra spontané ou foudroyant ont-ils été avec les cas de choléra précédé par la diarrhée ?

19. Quels ont été les accidents consécutifs du choléra ?

20. Traitement des accidents consécutifs.

21. Quelles sont les maladies qui ont précédé l'invasion de l'épidémie, qui ont existé pendant ou après la maladie ?

22. La maladie a-t-elle paru frapper de préférence les grands buveurs de boissons fermentées et alcooliques, les gros mangeurs, les hommes ayant une vie laborieuse, active ou sédentaire ?

l'aunée en boissons et en lavements, ces prétendus antidotes étaient au moins sans danger.

17. On a introduit dans nos localités comme préservatifs, le sulfure de potassium, pris à la dose de six gouttes, trois fois par jour dans une cuillerée d'eau, l'elixir parégorique ; leur prestige a été de courte durée : l'usage d'une cuillerée à café le matin et le soir de cachou en poudre ou de dragées de cachou prises plusieurs fois dans la journée, d'un régime sévère composé de matière animale, riche en substance nutritive sous un petit volume, d'une alimentation réduite à moitié de la quantité prise habituellement, d'une petite quantité de vin vieux et généreux, le matin d'une tasse de thé coupée avec du lait, le soir d'une tasse d'eau gommeuse, tiède et sucrée avec une cuillerée à café de sirop de laitue, des vêtements chauds, une ceinture de flanelle pour maintenir le corps dans un état de transpiration, constituait le paracholérique de bon nombre de gens éclairés.

18. La diarrhée a été invariablement le symptôme précurseur d'une attaque de choléra ; chez les uns elle le précède de 24 heures, chez les autres de plusieurs jours : c'est une vérité pour moi parfaitement démontrée que le choléra n'est que la diarrhée négligée ou augmentée par un mauvais régime ou par un mauvais traitement. Sur 50 individus atteints du choléra, le 25ᵉ peut-être a été frappé sous ce signe avant-coureur ; le remède qui coupera court à la diarrhée comme le sulfate de quinine coupe la fièvre intermittente sera le spécifique du choléra.

19. Les accidents consécutifs du choléra étaient immédiats ou médiats ; les premiers étaient des congestions cérébrales, apoplexie, méningite, des congestions pulmonaires, des rétentions d'urines, des inflammations gangreneuses, les seconds des gastralgies, des gastrites chroniques, des fièvres intermittentes, des éruptions miliaires, des parotides, des palpitations de cœur.
Les accidents consécutifs ont été par le nombre, la gravité en raison de la puissance des agents sédatifs et stimulants employés.

20. Les émissions sanguines par les sangsues ou la saignée, suivant le siège de la congestion, ont parfaitement réussi, secondés par une abstinence absolue, un régime très sévère suivi quelque temps ; dans les gastralgies, le sousnitrate de Bismuth, dans les fièvres intermittentes, le sulfate de quinine, les amers ; on sait que les gastrites chroniques, les palpitations de cœur ayant cette origine sont de longue durée.

21. Des fièvres intermittentes, des fièvres typhoïdes ont été les avant-courrières de l'épidémie ; des angines, des érysipèles gangreneux se sont manifestés pendant sa durée.

22. L'épidémie n'a pas sévi en 1832 et 1854 avec plus de violence contre l'ivrogne que contre le buveur d'eau ; mais il serait dangereux pour le bouteilleur de se mettre à l'usage de l'eau et pour l'homme sobre de se mettre dans l'ivresse. L'usage de la bière a paru favoriser le développement de la maladie en disposant aux coliques, à la diarrhée ; les gros mangeurs vont souvent à la

23. Le régime végétal a-t-il paru favoriser le développement de la maladie ?

24. L'usage des viandes, des vins généreux, des boissons stimulantes, a-t-il eu de bons résultats ?

25. Quelles sont les erreurs de régime, les substances alimentaires qui ont paru être causes occasionnelles du choléra ?

26. Quels sont les travaux, les habitudes, les passions, qui ont paru causes prédisposantes de l'épidémie ?

27. Certaines professions ont-elles fourni plus de malades que d'autres ?

28. Le voisinage d'égoûts, de marais, d'étangs, de rivières, a-t-il paru favoriser le développement de l'épidémie ?

29. Dans quelques localités l'épidémie s'est particulièrement concentrée dans une rue, dans un quartier, tandis que dans d'autres rues, d'autres quartiers de la même localité, on a observé peu ou point de sujets atteints de l'épidémie : cette circonstance a-t-elle été remarquée dans la commune ; à quoi l'attribuer ; quelles en sont les causes probables ?

---

selle, fatiguent leurs intestins et ont presque toujours la diarrhée, aussi sont-ils plus disposés à avoir la maladie.

23. Les gens qui vivent de végétaux, de laitage, de viandes grossières, qui sont délabrés par une nourriture insuffisante, débilitante et relâchante ont été les plus maltraités.

24. Ceux qui avaient adopté un régime tonique et fortifiant, composé de bouillon de bœuf, de viandes bouillies ou rôties, de viande blanche et d'une petite quantité d'un vin de bonne qualité résistaient mieux à la contagion.

25. La gloutonnerie, la gourmandise ont été les causes les plus actives du choléra; les viandes salées, les pâtisseries lourdes et grossières, les légumes farineux et autres, les fruits; ont paru prédisposer à l'épidémie.

26. Les travaux qui exigent une grande consommation de forces physiques ou morales, suivis d'une grande fatigue; ceux qui exposent les travailleurs à des exhalaisons putrides, infectes, nauséabondes ont paru provoquer la maladie; les contentions d'esprit, les affections de l'âme comme les chagrins, la tristesse, les émotions violentes comme la colère et la surprise, un saisissement, produisent les mêmes effets.

27. Il n'y a eu d'immunité pour aucune profession.

28. La commune de Chassey située sur des étangs qui, en juillet, août, exhalent des miasmes paludéens n'a pas été frappée de l'épidémie en 1832 et n'a eu que deux ou trois cas contestables en 1854; la forge d'Abainville placée de même a été exempte de l'épidémie en 1832 et 1854. Demange-aux-Eaux, toujours dans une atmosphère vaporeuse, humide, chargée d'émanations, d'un sol marécageux, a eu des cholériques en très petit nombre en 1832 et 1854. Le voisinage des égouts, des puits perdus, des fosses d'aisance, de rivières, de ruisseaux desséchés et répandant dans leur alentour des émanations fetides causées par les matières animales putréfiées, les immondices que les habitants par ignorance et par imprévoyance y jettent sans cesse, ont attiré le feu de l'épidémie et augmenté la mortalité.

29. Deux quartiers ont été très maltraités, cinq chefs de famille habitués au travail, de l'âge de 40 à 50 ans, exerçant des professions diverses et habitant des maisons contiguës ont été frappés du choléra et quatre ont succombé. Les maisons des victimes situées à la jonction des rues de l'église et de l'hôpital, sur le versant des collines de la rive gauche, abritées du Midi et du Nord et exposée à l'Ouest et Sud-Est, sont accumulées les unes sur les autres dans des rues étroites où le soleil pénètre difficilement, elles sont humides, l'air s'y renouvelle rarement, il est toujours méphétisé par des fossés d'aisances renfermées dans les maisons; en face de ces maisons se trouve l'ouverture d'un égout qui reçoit toutes les eaux ménagères et les puits perdus du quartier.
9 personnes sur 20 ont succombé dans la rue du Saulcy qui est exposée au midi sur la prairie, la rivière et à peu de distance du bief du moulin, abritée du nord par

30. Quelles sont les expositions qui ont été le plus maltrai-
tées ?

30. En 1832 les premiers cas de choléra ont eu lieu à la ville-
haute dans des maisons enfoncées dans le sol, peu
éclairées, peu aérées, ayant au lieu de pavés un sol
terreux. En 1854, c'est aussi à la ville-haute dans
les mêmes maisons que se sont manifestées les premières
attaques cholériques, cependant le nombre des cholériques pendant les deux épidémies n'a été que de 19,
tandis qu'à la ville-basse il a été de 111.

Avant la colonne de gauche, en haut de la colonne de droite :

une terrasse ; les maisons sont basses, mal aérées
situées sur des terres rapportées, elles sont éclairées et
distribuées de manière à ne point être assainies par des
courants d'air ; la partie de la rivière qui passe devant
cette rue est profonde, l'eau coule lentement, elle est
remplie de vase et d'immondices, il s'en échappe dans
les chaleurs de l'été des exhalaisons les plus fétides.

31. Les habitations entourées d'arbres, de jardins, ont-elles
été plus ménagées que celles entassées les unes sur les
autres, dans lesquelles l'air et la lumière se renouvellent plus difficilement, et qui sont dans le voisinage
d'amas d'immondices, de lieux d'aisances, de fumiers
et d'égoûts ?

31. Les habitations dans lesquelles l'air et la lumière circulent
et se renouvellent facilement par le moyen d'ouvertures
et de communications bien disposées dans ce but et
faisant les fonctions de cheminées d'appel et de venti-
lateurs, les maisons entourées d'arbres, de jardins, de
corps absorbants les gaz délétères et les émanations
animales ont été ménagées et ont faiblement ressenti
l'influence épidémique.

32. Les maisons enfoncées dans le sol, établies entre terrasse
ou sur des terrains d'alluvions ou des terres rapportées
ont-elles donné plus de malades ?

33. Une température chaude ou froide, une atmosphère sereine ou pluvieuse, des brouillards et des orages accom-
pagnés de la foudre, ont-ils coïncidé avec l'apparition
du choléra ou sa recrudescence ou sa disparition.

33. Il y a eu des maladies, des décès par un temps chaud
comme par un temps froid, par une atmosphère sèche,
sereine comme par une atmosphère humide et bru-
meuse ; mais les changements subits de température
et la persévérance de l'humidité et du froid ont amené
une recrudescence ; une atmosphère chargée d'élec-
tricité n'a pas paru exercer une influence sur la marche
de la maladie, mais les orages suivis de pluie et d'abais-
sement de la température ont été malfaisants.

34. Hauteur du baromètre pendant la durée de l'épidémie.

34. Baromètre très variable, changements brusques de l'atmosphère.

35. Variation du thermomètre.

35. La moyenne de la température indiquée par le thermomètre en 1854, a été de 20 à 22 degrés centigrades.

36. A-t-on procédé à l'analyse de l'air ; s'il en a été ainsi,
quel en est le résultat ?

36. L'analyse de l'air n'a rien présenté de particulier.

37. Y a-t-il des exemples du danger de sortir d'une localité
sous l'influence épidémique, pour se transporter et
habiter dans une localité aussi sous l'influence épidémique ; de changer ainsi d'air, de régime, d'habitudes
et d'exercices ?

37. Deux jeunes gens âgés de 16 ans, élèves dans un
collége, sont renvoyés de ce collège à cause de l'exis-
tence dans cette ville de l'épidémie, ils arrivent le
samedi à Gondrecourt où elle régnait avec violence, le
plus jeune succombe dans la nuit du lundi au mardi et
l'autre dans la journée suivante, ces jeunes gens avaient
changé d'air, de régime, d'exercice, comme cela arrive
toujours dans ce cas et ils se sont trouvés dans des
conditions malheureusement trop favorables au développement de la maladie, ce fait renferme un enseignement
qui ne sera sans doute pas méconnu : ou il faut con-
server les enfants dans leur pension ou mieux les
envoyer dès le début de l'épidémie dans les localités
non infectées.

38. Les gens qui, par mesure de sûreté, se sont enfuis de
leur localité infectée pour se rendre dans une localité

38. Plusieurs personnes de Gondrecourt ont quitté leur localité pour habiter des localités saines, elles ont conservé

saine, ont-ils échappé à la maladie, et ont-ils pu rentrer sans danger à leur domicile aussitôt que l'épidémie a cessé ses ravages ?

39. Distance de la commune à la commune la plus rapprochée, non infectée.

40. L'épidémie s'est-elle manifestée en 1832 et en 1849 dans la commune ?

41. Les usines métallurgiques placés dans la commune ou sur son territoire se servent-elles pour combustible du charbon végétal ou de la houille ? L'épidémie s'est-elle fait sentir sur les individus domiciliés dans les usines ?

42. Les maladies de la pomme de terre, de la vigne, ont-elles été observées ; d'autrés végétaux ont-ils été en souffrance ?

43. A-t-on observé des épizoties avant l'apparition du choléra, pendant qu'il a régné et après sa cessation ?

44. Les chlorures désinfectants ont-ils été employés en fumigations, frictions, lavages, pour purifier l'air, les habitations, les vêtements, etc. ? Les poudres désinfectantes de Siret, de charbon, ont-elles été mises en usage pour assainir les égoûts, les fosses d'aisances, les matières fécales des malades ? Le sulfate de chaux, l'argile, disposés en couches légères sur les fumiers, ont-ils été employés pour les assainir ?

45. D'autres agents désinfectants ont-ils été mis en usage ?

46. A-t-on des exemples d'individus, de familles qui se soient complètement isolés, sequestrés dans l'intérieur de leur demeure, sans aucune communication au dehors ; leur résultat ?

47. A-t-on des exemple d'individus qui se soient soumis à la diète pendant tou e la durée de l'épidémie ; le résultat comme préservat ?

une bonne santé dans leur émigration et à leur retour qui a lieu 15 à 20 jours après l'entière disparution de l'épidémie, il en est qui ont fait quatre à cinq étapes, délogeant d'une localité aussitôt que l'épidémie y éclatait pour se transporter dans un village voisin où elle n'existait pas.

Il est prudent si on veut employer ces moyens de s'éloigner dès le premier décès et de ne rentrer dans son domicile que 15 jours au moins après le dernier décès.

39. La commune non infectée la plus rapprochée de Gondrecourt est l'écart d'Abainville, la forge dont la population est de 150 individus et l'éloignement de Gondrecourt de 500 mètres.

En 1832 la commune la moins éloignée de Delouze, violent foyer d'infection, est Rozière, éloignée de deux kilomètres, la moins éloignée de Luméville, décimée par l'épidémie en 1854 est Chassey, à une distance de 500 mètres où il n'y a point eu de cholériques, la moins éloignée de Badonvilliers où la maladie a été violente, est Gérauvilliers à une distance de deux kilomètres qui en a été exempte.

40. L'épidémie s'est manifestée en 1832, il y a eu 45 décès, en 1854 depuis juillet jusqu'à septembre il y a eu 90 décès ; plusieurs individus atteints en 1832 ont été frappés de l'épidémie en 1854.

41. Les usines situées sur le territoire de Gondrecourt se servent de charbons de bois et de charbons de terre, en 1854 comme en 1832 les forges d'Abainville situées sur un étang ont été exemptes du choléra.

42. En 1854 la végétation a été active et vigoureuse.

43. Il y a eu absence complète d'épizootie.

44. Les chlorures désinfectants ont été conseillés, prescrits par l'autorité, mais ils ont été employés avec incurie; il en a été de même de la chaux, de l'argile cuite, mêlées avec du charbon pour désinfecter les égouts, les déjections, les fosses d'aisances, les fumiers. Les hommes ne sont pas plus intelligents pendant le règne d'une épidémie que les animaux en présence d'une épizootie.

45. Les fumigations de soufre, de camphre, de matières résineuses, de plantes aromatiques, particulièrement de genièvre ont été employées ; pour y avoir foi, il faut en faire usage au déclin de la maladie.

46. J'ai vu bon nombre d'individus se renfermer hermétiquement dans leurs demeures, garder la chambre et souvent le lit pour cause d'indisposition ou de maladie et traverser ainsi le temps de l'épidémie exempts d'accidents et de danger, d'autres se sont isolés eux et leur famille et ont eu les mêmes avantages.

47. On a reconnu l'utilité d'une grande sobriété.

48. A-t-on connaissance que des remèdes secrets, des pratiques mystérieuses aient été employées comme moyen préservatif et curatif du choléra ?

49. A-t o) fait des autopsies de sujets morts de l'épidémie ; quelles sont les observations faites ?

50. L'infection a-t-elle paru être concentrée dans le périmètre de la commune ou dans un rayon plus étendu ; y a-t-il des exemples d'individus qui aient transporté leurs demeures momentanément hors de ce périmètre, ou d'un rayon de 2 à 3 kilomètres avec succès ?

51 A-t-on remarqué si, lors de l'invasion de la maladie et pendant sa durée, des effluves, des exhalaisons fétides, putrides, étaient émanées du sol ?

52. Quelles sont les mesures de salubrité qui ont été prises dans la commune pour conjurer l'épidémie. Et pendant ?

48. On a fait usage avec mystère de l'hydrate de fer, d'une infusion ou décoction d'aunée à la dose d'une tasse renouvelée une demie heure après contre la diarrhée.

49. On n'a fait aucune ouverture de cadavre.

50. L'épidémie a sévi simultanément à Gondrecourt et à Abainville séparés par deux kilomètres; elle ne s'est pas fait sentir à la forge d'Abainville, dont la population s'élève à 150 habitants en relations continuelles avec les deux communes précitées et à égale distance de ces communes.

Elle a sévi aussi à Luméville et elle n'a pas eu lieu ni à Chassey éloignée de 500 mètres de Luméville, Gérauvilliers éloignée de 2 kilomètres de Badonvilliers infecté en 1832 comme en 1854 a été aussi exempte. Il en est de même de Rozières distant de 1 kilomètre de Delouze où l'épidémie a sévi avec violence en 1832 ; on peut admettre en présence de pareils faits que la cause de l'épidémie est circonscrite dans la localité infectée et qu'elle ne s'étend pas au delà de 500 mètres ou 1 kilomètre de ces localités Si la population des lieux infectés eut émigré dès les premiers décès dans la commune saine ou eut posé ses tentes à 500 mètres de la commune ne se serait-elle pas préservée de la contagion ? la garantie la plus sûre contre la propagation de la maladie, c'est l'isolement des malades.

51. Des moissonneurs travaillaient dans une pièce de terre à Tourailles où était le choléra; plusieurs se plaignaient d'avoir senti une odeur fétide et nauséabonde qui sortait du sol et ceux là sont aussitôt frappés de l'épidémie.

51 *bis.* La contagion s'opère rarement par le contact, le principe contagieux se transmet par la transpiration pulmonaire, par les sueurs, et les effluves qui émanent du corps du malade, les matières rendues par le vomissement, les déjections, les linges qui ont servi à l'usage du cholérique, les vêtements non désinfectés. Un sujet en convalescence peut transmettre le principe contagieux par les effluves, les sueurs dépuratives qui s'échappent de son corps et par ses vêtements qui en sont imprégnés. Cette puissance infectante se manifeste irrésistiblement lorsqu'elle agit sur une agglomération d'individus qui est restée jusqu'à son apparition étrangère à la maladie; mais elle va en décroissant et disparait complètement, quand chaque membre de cette agglomération en a été saturé et a résisté à son action.

52 Les règlements de salubrité publique ont été promulgués par l'administration, mais leur exécution n'a pas été surveillée. Indépendamment des mesures prescrites telle que la propreté des logements, des rues, l'enlèvement des immondices, des matières en putréfaction qui peuvent altérer la pureté de l'air, il est indispensable de soumettre préventivement les personnes et les provenances sortant des lieux infectés à des fumigations guitoniennes ; quand la maladie existe dans une localité, les prescriptions de la plus impérieuse nécessité parce qu'elles combattent efficacement le principe contagieux, sont 1.° l'assainissement par des fumigations de chlore des maisons particulières, des établissements publics, où se font de grandes réunions ; 2.° la désinfection

53. Quels sont les moyens hygiéniques prescrits dans le même but ?

54. L'inoculation de matière purulente ou de sang, pris sur des cholériques, a-t-elle été pratiquée sur l'homme ou sur des animaux ; quel en a été le résultat ?

des matières vomies, des déjections , leur enfouissement, 3.° la défense de les jeter sur la voie publique, dans les cours, les jardins , 4.° l'obligation de soumettre les linges |qui ont servi aux malades à un lavage à l'eau chlorurée avant que de les laver dans les fontaines publiques; 5.° d'étendre sur les caniveaux, et de jeter dans les égouts un lait de chaux ou de la chaux vive ; 6.° de purifier les pièces où il y a eu des décès par un lavage à l'eau chlorurée , un blanchiment au moyen d'un lait de chaux chloruré, de soumettre les personnes qui ont vécu avec les malades à l'obligation de changer de linge et de renouveler les effets d'habillement; 7.°, enfin l'ensevelissement dans des draps imbibés d'eau chlorurée des sujets décédés.

53 Les moyens hygiéniques conseillés ont été ceux-ci ; vêtements chauds, ceinture de flanelle, aliments de bonne qualité, toniques et substantiels sous un petit volume , vin vieux aux repas , tempérance dans le manger, le boire et la luxure , travail modéré, exercice dans la zône non infectée, renouvellement de l'air dans les pièces habitées dans lesquelles on fera du feu de temps à autres pour chasser l'humidité :

Ces moyens hygiéniques, préservatifs, malheureusement sont au-dessus des ressources d'une classe nombreuse de nos concitoyens, prédisposés à l'épidémie par des privations antérieures ou des erreurs de régime; c'est une situation où la plus faible étincelle peut faire éclater un embrasement général. Il importe donc pour nos intérêts les plus chers, pour la sécurité de tous, de placer nos concitoyens dans les conditions les plus avantageuses pour résister à la contagion. Dans les grandes calamités, la solidarité qui uni les membres de la grande famille humaine, doit se manifester dans toute sa force, on ne peut dans ces circonstances déplorables l'oublier sans que la responsabilité n'incombe à ceux qui la méconnaissent.

Je citerai à cet égard l'exemple d'une grande prévoyance et de cette solidarité données par les habitants d'une localité non éloignée; ils se sont concertés pour partager les mêmes ressources alimentaires, les mêmes précautions hygiéniques et se protéger ainsi mutuellement contre l'épidémie avec le plus heureux succès.

54. On a pratiqué l'inoculation du pus et du sang provenant des cholériques sur des lapins et sur des chiens, ces animaux n'ont ressenti aucun effet de ces opérations. Les mêmes animaux ont dévoré impunément des cataplasmes imprégués de matière purulente et de sang.

55. L'inhumation des cholériques dans le cimetière commun a été sans inconvénient. Cinq ans après 1832, des fosses ont été ouvertes sans accidents et suites mauvaises. En 1834, à Dainville, des parents mus par un sentiment de piété filiale ont exhumé les restes des personnes qui leur étaient chères, pour les transporter dans le cimetière commun ; cette opération, faite un mois après le décès, n'a eu aucune influence sur la santé de ceux qui y ont travaillé ni sur la santé publique.

56. Le service de santé était fait en 1832 par les deux médecins de la localité, chacun d'eux avait son jour et sa nuit, chaque médecin inscrivait sur une feuille de

visite les prescriptions faites par lui et ses observations lors de sa visite. Cet usage était avantageux sous plusieurs rapports et il est regrettable qu'il ait été abandonné en 1854. Les renseignements consignés dans la feuille de visite étaient précieux, soit que le médecin ordinaire ne puisse faire son service, soit pour empêcher des catastrophes comme celle que je vais citer. Un malade de Gondrecourt avait largement usé des préparations de strichnine sans succès, les parents appellent un autre médecin, qui, dépourvu de renseignements, prescrit également la strichnine et le malade meurt dans l'état tétanique le plus complet ; ce fait s'est passé en 1854.

57. L'exécution des mesures de salubrité et le service médical étaient surveillés par un inspecteur et un médecin des épidémies nommé par le Préfet et pris dans le canton ; ces fonctions étaient gratuites. Chacun d'eux était tenu de visiter les communes de sa circonscription et de s'entendre avec les Maires.

58. L'habitude a été appelée avec raison *une s conde nature*, il est prudent de se soumettre à son empire, ainsi, qu'on fasse usage de la nourriture, de la boisson dont on a la coutume, du travail et des exercices auxquels on se livre ordinairement, mais avec plus de modération que dans les temps réguliers.

59. Il est un sentiment que beaucoup de monde considère comme une cause occasionnelle du choléra ; c'est la peur, je ne partage pas du tout cette opinion et l'expérience est là qui confirme ma manière de voir. Si la peur eût eu l'influence qu'on lui suppose, combien de gens pleins de vie aujourd'hui auraient succombé dans les meurtrières épidémies de 1832 et de 1854, la population entière aurait été frappée du fléau, car, elle était toute sous l'impression de la terreur. Il est néanmoins des circonstances ou la peur a provoqué indirectement le choléra ; ainsi on a vu des sujets frappés d'épouvante, chercher dans l'ivresse une trêve à leur détresse et être saisis de la maladie pendant ou après la débauche, ce cas s'est souvent renouvellé en 1832 et 1854, aussi on ne peut trop se prémunir contre ce danger.

ROUSSEL.

Le choléra morbus épidémique ainsi appelé du symptôme le plus apparent de ceux qui le caractérisent serait mieux désigné par le nom de peste, de fièvre pestilentielle qui lui était donné dans l'antiquité et le moyen-âge.

La peste décrite par Thucidide paraît être un vrai tableau du choléra, les historiens du 4ᵉ siècle de l'ère chrétienne, rapportent comme signes de la peste qui fit périr à cette époque le quart de la population de l'Empire tous les symptômes du choléra.

Il se reproduit dans le 13ᵉ siècle sous le nom de peste noire à cause de la coloration de la peau, en 1720 il éclate à Marseille où il est appelé fièvre pestilentielle.

Ses causes existent dans les exhalaisons d'eaux stagnantes, marécageuses et contenant des matières animales en putréfaction, dans des rassemblements considérables d'hommes et d'animaux privés d'aliments sains et suffisants et où les précautions d'hygiène et de salubrité sont négligées ou entièrement abandonnées, dans les armées mal nourries, mal vêtues, dans une profonde démoralisation ; elle peut donc se produire partout où les causes ci-dessus énoncées subsistent.

Le choléra est endémique dans la péninsule indienne, dans les contrées parcourues par le Gange toujours inondées, sous l'action d'un soleil ardent. Il est transporté en Europe, s'y propage par l'effet de son principe contagieux ; jusqu'alors il a été passager, de peu de durée dans notre climat ; mais ses fréquentes apparitions, font redouter qu'il ne se naturalise parmis nous, comme d'autre maladies contagieuses qui sont venues du dehors.

Il a été apporté en 1720 à Marseille par un petit bâtiment sorti du port de Seyde ou Syrie où régnait la peste. En 1832, cent douze ans après la peste de Marseille il nous est venu du Nord par la Russie.

En 1854 il a été importé à Marseille par des émigrants d'Egypte , de Constantinople , des bords de la mer Noire , fuyant leur pays pour se préserver de la maladie.

Il a été importé à Paris et répandu en France par des voyageurs et des marchandises sortant d'un pays infecté.

L'art de guérir a été jusqu'alors impuissant contre cette cruelle maladie, ceux qui sont atteints de ce fléau et qui échappent à la mort le doivent à des crises salutaires suscitées par la nature, à des sueurs abondantes, à la formation d'abcès parotideux et des glandes inguinales ainsi qu'à des inflammations gangréneuses plus ou moins profondes ; mais si les ressources de la médecine sont infructueuses, il existe un moyen préservatif de la maladie dont l'emploi est certain ; c'est de se soustraire aux miasmes contagieux en s'isolant des malades ou en s'éloignant à temps opportun des localités infectées ; ce moyen préservatif est une violation des lois de la fraternité et de la solidarité qui doivent unir les hommes elle n'est pas l'acte d'un bon citoyen. Mais, si l'homme est libre d'agir ainsi, il assume sur lui une grande et lourde responsabilité morale. Un particulier veut-il se soustraire à l'épidémie, qu'il s'éloigne des lieux et des personnes infectés , une ville veut-elle protéger ses habitants contre l'invasion de la maladie, que l'entrée n'en soit libre qu'aux personnes sortant d'une localité saine, qu'elle ne soit permise à celles qui viennent d'un endroit infecté qu'après une séquestration d'un septenaire, d'une purification par les vapeurs désinfectantes, le changement de vêtements et préalablement l'usage d'un grand bain. Un gouvernement veut-il préserver le peuple que la Providence lui a confié de cette cruelle épreuve, qu'il exerce la plus grande surveillance sur les provenances en hommes et en marchandises des lieux infectés, qu'il impose des quarantaines effectives, qu'il exige des diplômes de santé sérieux et qu'il n'admette en libre pratique, hommes, animaux, marchandises, qu'après l'accomplissement des précautions et des mesures de salubrité publique constatée par une longue expérience.

Les faits les plus nombreux, empreints du cachet de la vérité, révèlent le caractère contagieux du choléra ; les discussions académiques soulevées à ce sujet ont été suivies des calamités publiques les plus cruelles ; la science a oublié que sa mission est surtout de travailler au profit de l'humanité.

Les dissidences qui ont surgi au sein des corps savants sur la question de la contagion nous ont valu la peste trois fois dans vingt-deux ans. En portant l'état à négliger et à laisser tomber en désuétude les règlements sanitaires en vigueur et particulièrement la loi du 3 mars 1822 sur les lazarets et quarantaines.

On a prétendu que les intérêts privés, commerciaux et industriels étaient gravement compromis par le système des quarantaines ; est-ce que ces intérêts ne sont pas dans une grande souffrance lorsque les populations sont menacées et frappées de la peste ? qu'est-ce donc que ces intérêts dont on fait si grand bruit, auxquels on attache une si grande importance que vous puissiez lui sacrifier la vie de plusieurs millions d'hommes ; que sont-ils ces intérêts comparativement à l'angoisse et l'épouvante qui précèdent le choléra et aux malheurs publics et privés qui résultent d'un fléau qui décime les populations ; sont-elles créées pour le commerce, l'industrie, ou le commerce l'industrie pour elles ?

RAPPORT

SUR LE QUESTIONNAIRE SOUMIS A LA SOCIÉTÉ MÉDICALE DE COMMERCY,

Par le Docteur ROUSSEL, Vice-Président de cette Société.

Par le Docteur DE CHILLY.

Notre honorable Vice-Président a pensé que la société médicale devait consacrer un souvenir de la cruelle épidémie qui, l'an passé, a jeté l'effroi dans tant de communes du département, et mis à une si terrible épreuve le zèle des médecins. Non que le docteur Roussel prétendît donner une satisfaction d'amour-propre au corps médical ; le but qu'il se propose est plus élevé et plus digne des motifs qui ont présidé à la constitution de notre Société, puisqu'il s'agit de l'édification d'un monument scientifique à la construction duquel chacun de nous apporterait sa pierre, et dont nos observations individuelles constitueraient les matériaux.

Les questions posées par notre honorable confrère sont nombreuses, puisqu'elles s'élèvent à cinquante-quatre. La plupart d'entre elles exigent impérieusement une solution sans laquelle il serait impossible d'exprimer une opinion de quelque valeur sur l'étiologie, la marche et la thérapeutique du choléra. Il en est d'autres auxquelles les réponses seront incomplètes, sinon impossibles, les médecins ne possédant pas généralement, en météorologie et en géologie, des connaissances suffisantes pour y satisfaire, d'une autre part, pendant que l'épidémie sévissait avec tant de violence, chacun de nous étant dominé par des préoccupations trop impérieuses pour se livrer à des études étrangères à une urgente actualité. C'est pourquoi on peut prévoir, dès maintenant, que chacun de nous, pour répondre aux questions posées, aura moins recours à des observations de cas particuliers qu'aux impressions multipliées qui forment l'expérience, au milieu d'une pratique incessante.

Il est un point sur lequel je regrette d'être en désaccord avec notre honorable Vice-Président. Le docteur Roussel propose de soumettre son questionnaire à une commission composée, dans chaque commune, du maire, du curé, de l'instituteur et du médecin qui aura traité les cholériques, je pense qu'il serait peu convenable de faire intervenir des personnes étrangères à la médecine dans la solution de questions médicales, et de leur reconnaître une compétence pour traiter un sujet qui est du domaine exclusif de la médecine.

Pour atteindre le but que s'est proposé le docteur Roussel, je serais d'avis que le questionnaire fût soumis à chacun des membres de la Société, qui inscrirait ses réponses en regard de chaque question. Toutes ces réponses seraient ensuite réunies entre les mains d'une commission. Pour les résumer dans un rapport qui présenterait plus la résultante de nos opinions individuelles et de l'expérience de chacun de nous.

Peut-être jugerait-on que ce travail serait plus promptement terminé, et qu'il présenterait plus d'homogénéité, si, au lieu d'en charger une commission qui se réunirait trop difficilement, on le confiait aux soins d'un seul membre on pourrait être assuré que celui d'entre nous qui serait désigné s'appliquerait à rendre son rapport digne de la Société dont il serait l'organe.

L'opportunité d'un tel travail me semble incontestable, quand une société médicale s'est constituée ; elle doit, si elle veut être prise au sérieux, se mettre en mesure de résoudre les questions qui lui seraient posées, et, quand elle a offert son concours à l'administration, c'est qu'elle prenait par avance l'engagement de se prononcer, avec connaissance de cause, sur les sujets qui lui seraient soumis, et d'émettre, non une opinion individuelle, qui pourrait être entachée de prévention, mais l'opinion générale de la Société, ayant acquis dans nos discussions une maturité qui doit lui donner de l'autorité. Et jamais question fut-elle plus importante que celle qui nous occupe ? Le choléra, par ses fréquentes apparitions antérieures, tient constamment suspendue sur nos têtes la menace d'une nouvelle invasion ; par l'étendue de ses ravages il s'est gravé en traits lugubres dans le souvenir des populations. L'administration, dont c'est le devoir, se préoccupe sans cesse des moyens de conjurer les désastreux effets de l'épidémie. Notre Société faillirait à sa tâche et ne justifierait pas son titre si elle négligeait d'approfondir un sujet d'une aussi grande importance.

Notre honorable Vice-Président a donc bien mérité de la Société par l'initiative qu'il a prise, et je propose de lui voter des remerciments.

7 juin 1855.

DE CHILLY.

Bar-le-Duc. — Imprimerie Numa ROLIN.

www.ingramcontent.com/pod-product-compliance
Lightning Source LLC
LaVergne TN
LVHW051038060726
842524LV00007B/2885